LATINOS FAMOSOS

César Chávez

La lucha por lo justo

Lila y Rick Guzmán

Enslow Elementary

an imprint of

Enslow Publishers, Inc.

40 Industrial Road
Box 398
Berkeley Heights, NJ 07922
USA

http://www.enslow.com

Series Adviser
Bárbara C. Cruz, Ed.D., Series Consultant
Professor, Social Science Education
University of South Florida

Series Literacy Consultant
Allan A. De Fina, Ph.D.
Past President of the New Jersey Reading Association
Professor, Department of Literacy Education
New Jersey City University

This series was designed by Irasema Rivera, an award-winning Latina graphic designer.

Enslow Elementary, an imprint of Enslow Publishers, Inc.
Enslow Elementary® is a registered trademark of Enslow Publishers, Inc.

Spanish edition copyright 2008 by Enslow Publishers, Inc.

Originally published in English under the title *César Chávez: Fighting for Fairness* © 2006 by Enslow Publishers, Inc.

Spanish edition translated by Lila and Rick Guzmán; edited by Strictly Spanish, LLC.

Library of Congress Cataloging-in-Publication Data

Guzmán, Lila, 1952–
    [César Chávez : fighting for fairness. Spanish]
    César Chávez : la lucha por lo justo / Lila and Rick Guzmán.
       p. cm. — (Latinos famosos)
    Includes bibliographical references and index.
    ISBN-13: 978-0-7660-2679-7
    ISBN-10: 0-7660-2679-5
    1. Chavez, Cesar, 1927—Juvenile literature. 2. Labor leaders—United States—Biography—Juvenile literature. 3. Migrant agricultural laborers—Labor unions—United States—Officials and employees—Biography—Juvenile literature. 4. Mexican American migrant agricultural laborers—Biography—Juvenile literature. 5. United Farm Workers—History—Juvenile literature. I. Guzmán, Rick. II. Title.
    HD6509.C48 L5518 2007
    331.88'13092—dc22
    [B]   2006030188

Photo Credits/Créditos fotográficos: AP/Wide World, pp. 1, 4 (top/parte superior), 10, 11, 22 (top right/parte superior derecha), 24 (both/ambos), 25 (both/ambos), 26, 27, 28; Cesar E. Chavez Foundation, pp. 4 (bottom left, bottom right/parte inferior izquierda, parte inferior derecha), 6, 12 (bottom/parte inferior), 13, 14, 15, 16; © Corel Corporation, 12 (top right/parte superior derecha); Enslow Publishers, pp. 8, 12 (top left/parte superior izquierda); Hemera Technologies, 7, 22 (top left/parte superior izquierda); Walter P. Reuther Library, Wayne State University, pp. 17, 19, 20, 21 (both/ambos), 22 (bottom/parte inferior).

Cover Credit/Crédito de la cubierta: AP/Wide World.

✳ Contenido ✳

1 En marcha. 5

2 La vida en California. 9

3 "Sal Si Puedes" 14

4 ¡Huelga! 18

5 Héroe del pueblo 23

Línea del tiempo 29

Palabras a conocer 30

Más para aprender
    (Libros y Direcciones de Internet) . . . 31

Índice. 32

César Chávez

El bebé César

César y su hermana mayor, Rita.

1

En marcha

Cuando César Chávez era niño, nunca vivió en un lugar durante mucho tiempo. A los quince años de edad, ya había asistido a más de treinta y seis escuelas. La familia de César se mudó de granja en granja, recogiendo frutas y vegetales. Se llamaban trabajadores migratorios, o migrantes. *Migrante* quiere decir "en marcha".

César y su familia recogían uvas y guisantes por unos pocos centavos al día. En los campos, el sol quemaba. Los días eran muy largos. César no creía que fuera justo trabajar tanto y ganar tan poco. ¿Mejoraría su vida alguna vez? No siempre fue así.

Cesario Estrada Chávez, llamado César, nació el 31 de marzo de 1927 en la granja de sus abuelos cerca del pueblo de Yuma, Arizona. El padre de César,

César y Rita se vistieron en su mejor ropa para la Primera Comunión.

Librado, estaba a cargo de una tienda de comestibles y de un garaje. Juana, la madre de César, cuidaba a los seis niños. La familia vivía en cuartos arriba de la tienda.

César se divertía mucho jugando con sus hermanos, pero era muy tímido. A él tampoco le gustaba ir a la escuela. En casa, su familia hablaba en español. En la escuela, la maestra le dijo a César que debía aprender inglés. Cuando él hablaba en español, la maestra lo golpeaba en los nudillos con una regla.

En 1929, Estados Unidos enfrentó tiempos muy difíciles. Por todo el país, muchas tiendas, fábricas y hasta bancos tuvieron que cerrar. Librado tuvo que cerrar la tienda y regresó a la granja con su familia.

En la granja, César cortaba leña y le daba de comer a los caballos y a los pollos. Él sembraba, regaba, y sacaba malas hierbas de los campos de algodón, maíz y calabazas. En las noches calurosas de verano, la familia se reunía y se sentaba a cenar bajo las estrellas. Durante la cena, la abuela de César les contaba sobre su abuelo, un hombre valiente que había nacido en México. Su madre les contaba sobre la Biblia y esos cuentos le enseñaron a César la diferencia entre lo justo y lo injusto. Gracias a su madre y a su abuela, César aprendió a hacer lo justo.

Poco tiempo después, la granja de los Chávez fue azotada por grandes problemas. No hubo lluvia durante mucho tiempo. Sin agua, las cosechas murieron en los campos. En 1938, la familia de César no tenía dinero suficiente para pagar sus cuentas. Se vieron obligados a irse de la granja en Arizona. La familia puso todas sus pertenencias en el automóvil y todos se fueron a California a buscar trabajo. César tenía diez años cuando él y su familia se convirtieron en trabajadores migratorios.

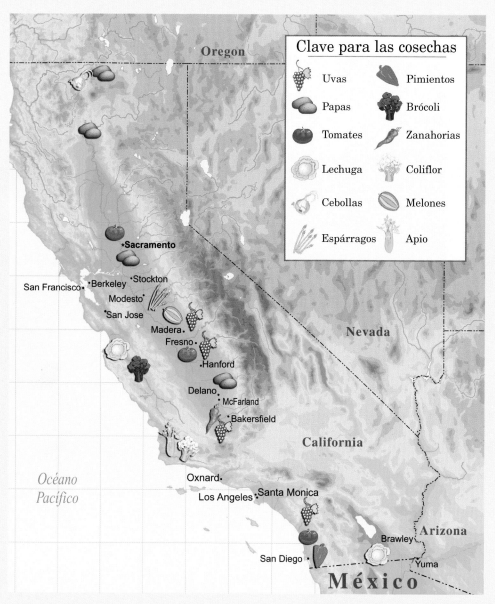

Clave para las cosechas

Uvas		Pimientos	
Papas		Brócoli	
Tomates		Zanahorias	
Lechuga		Coliflor	
Cebollas		Melones	
Espárragos		Apio	

Oregon

Sacramento

Stockton

San Francisco • Berkeley

Modesto

San Jose

Madera

Fresno

Hanford

Delano

McFarland

Bakersfield

Nevada

California

Océano Pacífico

Oxnard

Los Angeles • Santa Monica

Brawley • Arizona

San Diego

Yuma

México

Los migrantes recogieron frutas y vegetales por toda California.

2

La vida en California

César y su familia viajaron por toda California siguiendo la cosecha. Cuando era la temporada de las uvas recogían uvas. Cuando era la temporada de los tomates recogían tomates. César y su familia trabajaron durante muchos años recogiendo toda clase de cosecha: tomates, ciruelas, melones, fresas, uvas, algodón, remolacha y lechuga.

El trabajo era muy duro, sobre todo cuando César tenía que sacar las malas hierbas con un azadón de mango corto. Él tenía que doblarse mucho para usarlo. Los campesinos migrantes odiaban esa herramienta. Doblarse todo el tiempo les hacía doler mucho la espalda.

Esta familia de migrantes en California por los 1930 vivió en una casa de cartón.

La vida era horrible para los migrantes. César y su familia tuvieron que vivir en chozas de cartón o en tiendas de campaña. No tenían ni baños ni luces. A veces, hasta tuvieron que dormir en su automóvil. Anteriormente, la familia de César había sido propietaria de una granja grande. Ahora, eran migrantes, trabajando en las granjas de otros. César extrañaba su vida en Arizona. Él quería regresar a casa.

Un día, la familia Chávez se detuvo en un restaurante a comer algo. El dueño les dijo que se fueran. Él no quería mexicanos en su restaurante. Ésa fue la primera vez que alguien se rehusó a servir a César por ser mexicano. Esto se llama discriminación. César sabía que no era justo.

Pronto, él comenzó a ver mayor discriminación. Había tiendas con letreros en las ventanas que decían

"SÓLO BLANCOS". Eso quería decir que solamente los blancos podían comprar en esa tienda. En los cines, los mexicanos y los negros no podían sentarse cerca de los blancos. Ellos tenían que sentarse en lugares apartados.

La escuela de César era solamente para niños mexicanos y niños negros. Había otra escuela para niños blancos.

La familia Chávez era muy pobre y no tenía mucha ropa. La hermana de César, Rita, abandonó la

Todo el mundo, aún los niñitos, tenían que trabajar en los campos.

SÓLO BLANCOS
NO SE PERMITEN
MEXICANOS
NI NEGROS

César con sus hermanos, hermanas y amigos en el automóvil de la familia.

escuela a los doce años de edad porque tenía vergüenza de no tener zapatos. César tuvo que abandonarla también al final del octavo grado.

Su padre tuvo un accidente de automóvil y la familia necesitaba la ayuda de César. Comenzó a trabajar todos los días de la mañana a la noche recogiendo la cosecha para ganar dinero y mantener a la familia. Su madre estaba triste. Ella quería que César continuara en la escuela. Ella no podía leer ni escribir y sabía que tener una educación era algo muy importante.

César en su graduación del octavo grado.

✳ 3 ✳

"Sal Si Puedes"

En 1946, César cumplió diez y nueve años y entró en la Marina de los Estados Unidos. Estaba cansado de trabajar en los campos. ¿Mejoraría su vida en la Marina? Como marinero en un buque en el Océano Pacífico, él nuevamente vio discriminación. Los negros y los latinos tenían que trabajar como cocineros y pintores. No se les permitía hacer otros trabajos.

Un día, en su tiempo libre, César fue al cine. Se sentó en la sección sólo para blancos. La policía lo detuvo porque rehusó

César en la Marina de Estados Unidos.

sentarse en la sección para "gente de color". Fue la primera vez que César fue a la cárcel, pero no sería la última. Él sería detenido muchas veces en su vida por hablar con franqueza. Él quería justicia para todos.

César y Helen

Cuando César salió de la Marina, él regresó a California. César se casó con Helen Fabela en 1948. Se mudaron a un barrio pobre en San José llamado "Sal Si Puedes". Helen, al igual que César, era una trabajadora migrante que soñaba con una vida mejor.

César quería ayudar a la gente que tenía problemas. En 1952 él dejó de trabajar en los campos. Él comenzó a trabajar para un grupo llamado la Organización de Servicios a la Comunidad (Community Service Organization). Trabajando con la CSO, César iba de casa en casa hablando sobre el derecho al voto. Votar es muy importante porque da a la gente el poder de escoger los líderes del país.

César y Helen también enseñaron a mucha gente a leer y a escribir. Algunos de sus vecinos eran de México. César los animaba a tomar clases para pasar el examen de ciudadanía estadounidense.

César aprendió mucho en la CSO. Día a día, tuvo más confianza en sí mismo.

Trabajando para la Organización de Servicios a la Comunidad (CSO) César le dijo a los campesinos que votaran en las elecciones.

Helen y César con seis de sus ocho hijos.

César nunca olvidó lo que era ser un campesino trabajando todo el día en los campos. En 1962, él decidió seguir su sueño de ayudar a los campesinos. En ese momento, él y Helen ya tenían ocho niños. El mayor tenía trece años. César dejó la Organización de Servicios a la Comunidad y se mudó de San José a Delano, California.

Durante muchos años, él había ayudado a la gente que vivía en la ciudad. Ahora, era la hora de ayudar a los migrantes.

4

¡Huelga!

César creía que la gente tenía más poder si todos trabajaban juntos que si trabajaban solos. Pensaba que un sindicato ayudaría a los migrantes. Un sindicato es un grupo de trabajadores que se une para resolver problemas. Los migrantes tenían muchos problemas. En los campos, no tenían agua limpia para beber. No había tiempo para descansar ni para ir al baño. El día de trabajo era muy largo y la paga era muy baja.

En 1962, César Chávez fundó un sindicato llamado "National Farm Workers Association" (NFWA o la Asociación Nacional de Campesinos). Más tarde, la llamaría "United Farm Workers" (UFW o Campesinos Unidos). Al principio, no había muchos miembros en el sindicato. César viajó por todo el estado hablando con los campesinos. A medida que más personas se unían al sindicato, el mismo crecía más y más.

César descubrió a líderes importantes como Mahatma Gandhi en la India y Martin Luther King, Jr. Ellos no

Cuando los recogedores de uvas se declararon en huelga, pidieron a todo el mundo que no comprara uvas.

creían en la violencia. En su lugar, usaban formas pacíficas para realizar cambios.

A César le gustaban sus ideas. Él decidió usar algunas de ellas en la lucha por los derechos de los trabajadores migrantes.

El 8 de septiembre de 1965, los trabajadores filipinos de uvas se declararon en huelga. Esto quiere decir que salieron de las viñas donde recogían las uvas y dijeron que no volverían a trabajar hasta que no recibieran un pago justo.

Los miembros del sindicato de Chávez decidieron unirse a los trabajadores filipinos y también se declararon en huelga.

Para César, la bandera de la NFWA fue una señal fuerte y bonita de esperanza.

La policía arrestó a mucha gente durante la huelga. Hacer huelga no era contra la ley. Sin embargo, la policía dijo que los huelguistas estaban haciendo demasiado ruido. Algunas personas fueron arrestadas sólo por gritar "*¡Huelga!*" César Chávez habló por altavoz para pedir a los migrantes en el campo que pararan de trabajar y se unieran a la huelga. La policía dijo que César estaba hablando demasiado fuerte y lo llevaron a la cárcel.

En las viñas, las uvas se pudrieron. Los dueños de las viñas se enojaron porque perdieron mucho dinero. A pesar de todo, se negaron a hablar con el sindicato.

El 17 de marzo de 1966, César Chávez y sesenta huelguistas comenzaron una caminata hacia Sacramento, la capital de California. Ellos querían que todos se enteraran de las largas horas, el trabajo difícil y el bajo pago de los campesinos.

César usó un bastón cuando le dolían las piernas. Pero siguió marchando.

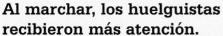

Al marchar, los huelguistas recibieron más atención.

Los huelguistas marcharon bajo la bandera de la NFWA. La bandera era roja con un águila negra en un círculo blanco. Con esa bandera, marcharon alrededor de 300 millas. A lo largo del camino, mucha gente se les unió. Cuando la marcha llegó a Sacramento el 11 de abril de 1966, el grupo tenía diez mil personas.

Aún así, los dueños de las viñas no se rindieron.

El próximo paso de César fue pedir a los estadounidenses en todo el país que dejaran de comprar uvas de California. Eso es llamado un boicot. Si los dueños no podían vender las uvas, ellos perderían aún más dinero. ¿Escucharían esta vez los dueños?

César no quiso usar la violencia. Creía que las palabras eran más fuertes que los puños.

Los perros de César, Huelga y Boicot, lo cuidaron bien. Él dijo que le trajeron buena suerte.

5

Héroe del pueblo

César tenía un nuevo plan para llamar la atención a los problemas de los migrantes: Dejó de comer. Esto es llamado ayuno o huelga de hambre. César estaba mostrándole a todo el mundo que estaba listo para poner su vida en peligro a fin de ayudar a los labradores. No comió durante 25 días. Muchos se enteraron de la huelga de hambre de César. Se hicieron parte del boicot y dejaron de comprar uvas.

Líderes importantes como Martin Luther King, Jr., le dijeron a César que estaban de acuerdo con su lucha por la justicia.

César nunca se rindió.

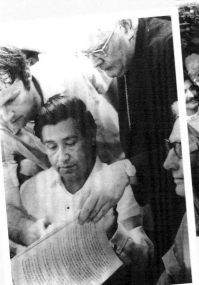

¡Por fin! Después de la huelga, César firmó el acuerdo para una mejor paga para los campesinos.

Como resultado de la huelga, la marcha, el boicot y el ayuno de César, los dueños de las viñas de California por fin dijeron "sí" al sindicato de César. En 1970, los dueños decidieron pagar a sus trabajadores más y tratarlos mejor.

Fue una gran victoria para César y para los campesinos de California.

Hacia 1972, el sindicato de César tenía 60,000 miembros. El sindicato siguió luchando para mejorar las vidas de los migrantes. A través de los años, César organizó más protestas no violentas.

En 1975, California aprobó una ley contra el azadón de mango corto. Esta horrible herramienta ya no se usaría en los campos. Para César, ésta fue otra gran victoria. Tomó siete años ganar la batalla contra el azadón de mango corto. Él estaba muy feliz.

Los migrantes llamaban a la azada "El Cortito".

En la década de los 1980, César comenzó a preocuparse sobre los pesticidas. Los pesticidas son venenos que se rocían en los campos para matar los insectos que comen la cosecha. ¿Estarían los pesticidas enfermando a los campesinos? ¿Podría enfermarse la gente que come uvas fumigadas con pesticidas? César se puso en acción inmediatamente.

Su sindicato produjo una película que mostró los peligros de los pesticidas. Una vez más,

César dijo que los pesticidas eran malos para la gente.

Otra vez, César le pidió a la gente que no comprara uvas.

César les pidió a todos que no compraran uvas. Luego, César comenzó otro ayuno. Pasó treinta y seis días sin comer.

César tenía razón respecto a los pesticidas. Pero pasarían muchos años antes de que el gobierno aprobara una ley para proteger a la gente y a los trabajadores de estos venenos.

Toda su vida, César trabajó para ayudar a otros. Por esa razón recibió muchos honores y muchos premios. En Estados Unidos hay edificios, calles y bibliotecas que llevan su nombre.

En 1993, César Chávez murió en San Luis, Arizona. Tenía sesenta y seis años. Tuvo ocho niños y 27 nietos. Un año después de su muerte, el Presidente Bill Clinton le dio la Medalla de Libertad de EE.UU. Es el premio más alto que se otorga a un ciudadano de Estados Unidos. Helen, la esposa de

César, le agradeció al presidente. El mismo año, California honró a César de una manera muy especial.

Su cumpleaños fue declarado feriado del estado. Ahora, el 31 de marzo de cada año los californianos celebran el nacimiento de un hombre que luchó por los campesinos y fue un héroe de los trabajadores en todas partes.

César no creía en la violencia, aunque luchó mucho toda su

Una estampilla de correos con "César Chávez" salió en 2003.

vida. César cambió la manera en que se trataba a la gente. Él mejoró la vida de los trabajadores migrantes. Todavía hay más trabajo para hacer, pero César Chávez sembró las semillas de cambio.

Más que nada, César quiso ayudar a otros. "Toda mi vida, un sueño me ha impulsado", dijo César.

❋ Línea del tiempo ❋

1927 Nació el 31 de marzo cerca de Yuma, Arizona.

1938 La familia Chávez pierde su granja y va a California en busca de trabajo.

1946 César entra en la Marina.

1948 Se casa con Helen Fabela el 22 de octubre.

1952 Trabaja para la Organización de Servicios a la Comunidad (Community Service Organization).

1962 Establece la Asociación Nacional de Campesinos, un sindicato que ayuda a los trabajadores migrantes.

1965 El sindicato de César hace huelga.

1966 César Chávez y los miembros del sindicato marchan en protesta.

1967 Pide que todos en los Estados Unidos no compren uvas.

1986 Protesta por el uso de pesticidas en las cosechas.

1993 Muere el 23 de abril en San Luis, Arizona.

⚹Palabras a conocer⚹

ayuno—No comer para llamar la atención a un problema. También llamado huelga de hambre.

boicot—No comprar algo como medio de protesta.

discriminación—Tratar mal a una persona a causa de la raza, la edad, el sexo o la religión.

filipino—Una persona de las Islas Filipinas en el sureste de Asia.

huelga—Dejar de trabajar para exigir algo de un empleador. Por lo general, por una paga más alta o por mejores condiciones de trabajo.

marcha de protesta—Marchar en las calles para llamar la atención a un problema.

sindicato—Un grupo de trabajadores que se une para exigir una paga justa y mejores condiciones de trabajo de sus empleadores.

trabajador migrante—Una persona que va de un lugar a otro para trabajar, sobre todo para recoger cosechas.

viñas—Los campos donde crecen las uvas.

⁂Más para aprender⁂

Libros

In English / En inglés

Krull, Katherine. *Harvesting Hope: The Story of César Chávez*. San Diego: Harcourt, Inc. 2003.

Soto, Gary. *César Chávez: A Hero for Everyone*. New York: Simon & Shuster, 2003.

In Spanish / En español

Wadsworth, Ginger. *César Chávez*. Mineapolis, Minn.: Carolrhoda Books, 2005.

In English and Spanish / En inglés y español

Castillo, Richard Griswold. *César Chávez: the struggle for justice = César Chávez: la lucha por la justicia*. Houston Tex.: Piñata Books, 2002.

Direcciones de Internet

In English / En inglés

The César E. Chávez Foundation
<http://www.cesarchavezfoundation.org>

America's Story from America's Library: César Chávez
<http://www.americaslibrary.gov/cgi-bin/page.cgi/aa/chavez>

⚘ Índice ⚘

A

Asociación Nacional de
 Campesinos (NFWA), 18
ayuno, 23, 24, 26
azadón de mango corto, 9, 25

B

boicot, 21, 23, 24

C

California, 7, 9, 15, 17, 20, 21, 24,
 25, 27
Campesinos Unidos (UFW), 18
Chávez, Cesario Estrada (César),
 activismo, 15, 16, 18–21, 23–26
 casamiento, 15
 educación, 5, 6, 12, 13
 familia, 5–7, 10, 11, 12, 26
 hijos, 17, 26
 honores, 26, 27
 niñez, 5–7
 religión, 7
 servicio naval, 14
 trabajadores migrantes, 5, 9,
  10, 12, 13, 17
Chávez, Helen Fabela (esposa), 15,
 16, 17, 26
Chávez, Juana (madre), 6
Chávez, Librado (padre), 6
Chávez, Rita (hermana), 11
Clinton, Bill, 26

D

discriminación, 10, 14

F

filipinos, trabajadores, 19

G

Gandhi, Mahatma, 19

H

huelga, 19, 20, 24
huelga de hambre, 23

K

King, Martin Luther Jr., 19, 23

M

marcha de protesta, 5, 21, 24
Medalla de Libertad, 26
mexicanos, 10, 11, 27
migrantes, trabajadores, 5, 9, 10,
 17, 18, 19, 20, 23, 24, 27

O

Organización de Servicios a la
 Comunidad (CSO), 15, 17

P

pesticidas, 25, 26

S

San José, 15, 17
sindicato, 18, 19, 20, 24, 25

Y

Yuma, Arizona, 5